BEI GRIN MACHT SICH
WISSEN BEZAHLT

- Wir veröffentlichen Ihre Hausarbeit,
  Bachelor- und Masterarbeit

- Ihr eigenes eBook und Buch -
  weltweit in allen wichtigen Shops

- Verdienen Sie an jedem Verkauf

Jetzt bei www.GRIN.com hochladen
und kostenlos publizieren

Bastian Kuhl

Architekturmodellierung innerhalb der Unified Modeling Language (UML)

GRIN Verlag

Bibliografische Information der Deutschen Nationalbibliothek:

Die Deutsche Bibliothek verzeichnet diese Publikation in der Deutschen National-
bibliografie; detaillierte bibliografische Daten sind im Internet über http://dnb.d-
nb.de/ abrufbar.

Impressum:

Copyright © 2002 GRIN Verlag GmbH
Druck und Bindung: Books on Demand GmbH, Norderstedt Germany
ISBN: 978-3-638-63911-8

Dieses Buch bei GRIN:

http://www.grin.com/de/e-book/5843/architekturmodellierung-innerhalb-der-unified-
modeling-language-uml

GRIN - Your knowledge has value

Der GRIN Verlag publiziert seit 1998 wissenschaftliche Arbeiten von Studenten, Hochschullehrern und anderen Akademikern als eBook und gedrucktes Buch. Die Verlagswebsite www.grin.com ist die ideale Plattform zur Veröffentlichung von Hausarbeiten, Abschlussarbeiten, wissenschaftlichen Aufsätzen, Dissertationen und Fachbüchern.

Besuchen Sie uns im Internet:

http://www.grin.com/

http://www.facebook.com/grincom

http://www.twitter.com/grin_com

Architekturmodellierung innerhalb der Unified Modeling Language

Hausarbeit zum Seminar „UML – Unified Modeling Language"
WT 2002

Von: Bastian Kuhl

              8. Trimester

Abgabetermin: 15.02.2002

Inhaltsverzeichnis

Abbildungsverzeichnis

Tabellenverzeichnis

1   Einführung

Die Unified Modeling Language (UML) stellt eine Standardsprache für die Modellierung von Softwareentwürfen dar. Diese Sprache wurde von Jim Rumbaugh, Ivar Jacobsen und Grady Booch im Jahre 1997 in der ersten Version 1.1 veröffentlicht. Mittlerweile existiert die Version 1.4, welche mit Sicherheit nicht die letzte Version sein wird. Die UML kann heute bereits als ein Industriestandard angesehen werden, da heute nahezu alle Entwicklungswerkzeuge und Autoren diese Sprache unterstützen.[1]

Die zentralen Aufgaben der UML sind die Visualisierung, Spezifizierung, Konstruktion und Dokumentation von Softwaresystemen. In diesem Zusammenhang meint Spezifizierung die unzweideutige und vollständige Erstellung von Modellen und die Konstruktion eine direkte Kopplungsmöglichkeit an Programmiersprachen wie C++ oder Java, das heißt eine direkte Abbildbarkeit der UML Modelle auf die Programmiersprachen wird ermöglicht. Dabei ist die UML allerdings nur als ein Teil einer Methode zur Softwareentwicklung zu verstehen. Die UML stellt eine Sprache dar, die prozessunabhängig ist und dementsprechend in einem Entwicklungsprozess eingebunden sein sollte.[2]

Die UML kann im Rahmen der möglichen Modellierungsarten (Strukturmodellierung, Verhaltenmodellierung und Architekturmodellierung) sowohl die konzeptionellen als auch physischen Aspekte eines Systems abbilden. Die Modellierung von softwareintensiven Systemen fördert dabei das Verständnis des einzelnen Entwicklers, indem er sich vor der Implementierung Gedanken zur Umsetzung des Problems macht. Weiterhin bildet hat UML eine Art kommunikative Brückenfunktion zwischen den unterschiedlichen Anspruchsgruppen in einem Softwareentwicklungsprojekt. Unter anderem nehmen folgende Personengruppen an einem solchen Prozess teil: Anwender, Analytiker, Entwickler, Systemintegratoren, Tester, technische Autoren, Projektmanager etc. Diese Personengruppen sprechen zum Teil „unterschiedliche Fachsprachen". Die UML bietet die Möglichkeit, durch grafische Visualisierung aus den verschiedensten Sichten eine allgemein verständliche Übersetzung spezifischer Aspekte eines Softwaresystems zu erstellen.[3]

Die vorliegende Arbeit wird sich mit der Übersetzungsfunktion der UML zwischen Softwareentwicklern und Hardware-Ingenieuren befassen, das heißt die Architekturmodellierung wird einer näheren Betrachtung unterzogen.

---

[1] Vgl. Seemann/Gudenberg, Softwareentwurf mit UML, 2000, S. 2 auch Oesterreich, Die UML Kurzreferenz für die Praxis, 2001, S. VIII.

[2] Vgl. Booch/Rumbaugh/Jacobsen, Das UML-Benutzerhandbuch, 1999, S. 13 f.

[3] Vgl. Booch/Rumbaugh/Jacobsen, Das UML-Benutzerhandbuch, 1999, S. 14-16 und vgl. OMG, http://www.omg.org/gettingstarted/what_is_uml.htm (Stand: 27.01.02).

Dazu wird im nächstfolgenden Kapitel auf den Begriff Architektur in diesem Zusammenhang eingegangen und allgemeine Aspekte der Systemarchitektur vorgestellt. Das dritte und vierte Kapitel führt den Begriff Komponente und dessen Diagramm ein. Damit werden die softwarebasierten, physischen Aspekte eines Systems modelliert.

Im Kapitel fünf und sechs werden Knoten und Einsatzdiagramm dargestellt, um die hardwarebasierten Aspekte in der UML modellieren zu können.

In einem abschließenden Teil wird der Versuch unternommen, die beiden Diagramme anhand der Modellierung eines eigenen Beispiels vorzustellen.

2 Architekturmodellierung

2.1 Die fünf Sichtweisen

Die Systemarchitektur beschäftigt sich nicht nur mit dem Verhalten und der Struktur eines Softwaresystems sondern auch mit deren Funktionalität, Leistung, Robustheit, Wiederverwendbarkeit und Verständlichkeit. BOOCH/RUMBAUGH/JACOBSEN fassen die Bedeutung einer Systemarchitektur wie folgt zusammen:

> *„Die Architektur eines Systems ist vielleicht das wichtigste Artefakt, mit dem man diese verschiedenen Standpunkte* [Anmerkung des Verfassers: die Standpunkte der unterschiedlichen Anspruchsgruppen vgl. Kap.1] *verwalten und mithin die iterative und inkrementelle Entwicklung eines Systems während seines Lebenszyklus kontrollieren kann. "*[4]

In der UML lässt sich die Architektur eines Systems am besten durch die fünf ineinander übergreifende Sichten darstellen. Abbildung 1 zeigt eine grafische Illustration dieser fünf Sichten. Jede dieser Sichten kann für sich alleine stehen und sich auf einzelne Aspekte des Systems konzentrieren und diese abbilden. Weiterhin interagieren die fünf Sichten miteinander. Die Einsatzsicht enthält beispielsweise die Komponenten der Implementierungssicht. Die Komponenten der Implementierungssicht wiederum repräsentieren die physische Realisierung von Klassen, Schnittstellen und Kollaborationen.[5]

---

[4] Booch/Rumbaugh/Jacobsen, Das UML-Benutzerhandbuch, 1999, S. 34.

[5] Vgl. Booch/Rumbaugh/Jacobsen, Das UML-Benutzerhandbuch, 1999, S. 35 f.

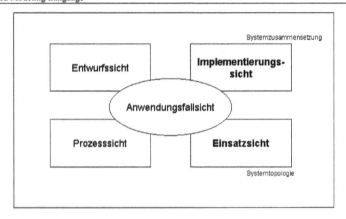

Abbildung 1: Modellieren einer Systemarchitektur

Quelle: Booch,G. / Rumbaugh, J. / Jacobsen, I., Das UML-Benutzerhandbuch, 1999, S. 35.

2.2 Modelle und Systeme

Die UML wird verwendet um **Systeme** zu **modellieren**. Der Systembegriff stellt in diesem Zusammenhang das zu lösende Problem als Ganzes dar. Ein System wird in der Regel in Teilsysteme zerlegt, die nahezu unabhängige Bestandteile des Systems abbilden. Ein Modell ist eine Vereinfachung der Realität und bildet somit eine Abstraktion eines Systems. BOOCH/RUMBAUGH/JACOBSEN charakterisieren die Begriffe und ihren Zusammenhang wie folgt:

> *„Ein System, möglicherweise in eine Menge von Teilsystemen zerlegt, ist eine organisierte Menge von Elementen, die einem Zweck dient und durch eine Menge von Modellen beschrieben wird, möglicherweise aus verschiedenen Blickwinkeln* [Anmerkung des Verfasser: siehe Sichtweisen]. *"[6]*

Modelle visualisieren interessierende Zusammenstellungen dieser Systemabstraktion aus den verschiedenen, in der UML beschriebenen Sichtweisen (siehe Abbildung 1). Alle Projektionen der Modelle in Summe geben die Struktur, das Verhalten und die Architektur des Systems wieder.[7]

Modelle und Systeme kommen am häufigsten zur Anwendung, um eine Systemarchitektur zu visualisieren, zu spezifizieren, zu konstruieren und zu dokumentieren. Dabei spielen Struktur- und Verhaltensaspekte sowie die Muster, die diese Sichten Formen, eine Rolle. Da in dieser Arbeit die Architekturmodellierung im

---

[6] Booch/Rumbaugh/Jacobsen, Das UML-Benutzerhandbuch, 1999, S. 473.

[7] Vgl. Booch/Rumbaugh/Jacobsen, Das UML-Benutzerhandbuch, 1999, S. 471-473.

Vordergrund steht, wird im weiteren Verlauf näher auf die Rolle von Mustern eingegangen und die Struktur- und Verhaltensaspekte werden vernachlässigt.

Muster formen letztendlich die Architektur eines Systems. Sie stellen dabei bewährte Lösungen für ein häufig auftretendes Problem im Kontext des Systems dar. Mit Mustern werden sowohl Entwurfsmuster als auch Architekturmuster modelliert.[8]

Entwurfsmuster stellen Mechanismen dar und werden durch Kollaborationen modelliert. Mittels dieser Mechanismen werden die Interaktionen der Elemente eines Systems auf eine einheitliche Weise festgelegt. Dadurch wird ein System einfach und verständlich, da man das System auf Basis der Mechanismen betrachten kann.[9]

Modellierte Architekturmuster bezeichnet man als Frameworks. Ein Framework ist ein Architekturmuster, das erweiterbare Vorlagen für einen Bereich zur Verfügung stellt. Man kann sich ein Framework als eine Art Mikroarchitektur vorstellen, die eine Menge von Mechanismen enthält, die zusammenarbeiten um ein häufig auftretendes Problem zu lösen.[10]

Um eine Systemarchitektur zu entwickeln, bedarf es einige Zeit und eines iterativen Prozesses. Eine Systemarchitektur kann niemals in einem großen Urknall erstellt werden. Wie man aus den obigen Ausführungen erahnen kann, ist vielmehr ein gut strukturierter Prozess notwendig. Dazu gehört eine schrittweise Verfeinerung der Systemarchitektur, die anwendungsfallorientiert, architekturorientiert sowie inkrementell erfolgen sollte.[11]

In den folgenden Kapiteln werden die Implementierungssicht und die Einsatzsicht mit ihren Diagrammtypen einer näheren Betrachtung unterzogen.

3   Komponenten

3.1 Aufbau von Komponenten

Komponenten modellieren die physischen Aspekte eines Systems. Unter physischen Aspekten werden hier Bits und Bytes verstanden. Eine Komponente stellt demnach einen physischen und austauschbaren Bestandteil eines Systems dar. Komponenten genügen einer Menge von Schnittstellenspezifikationen und realisieren diese. Schnittstellen bilden eine Brücke zwischen den logischen und physischen Modellen.

---

[8] Vgl. Booch/Rumbaugh/Jacobsen, Das UML-Benutzerhandbuch, 1999, S. 433.

[9] Vgl. Booch/Rumbaugh/Jacobsen, Das UML-Benutzerhandbuch, 1999, S. 418 und 427 f.

[10] Vgl. Booch/Rumbaugh/Jacobsen, Das UML-Benutzerhandbuch, 1999, S. 432 f.

[11] Vgl. Booch/Rumbaugh/Jacobsen, Das UML-Benutzerhandbuch, 1999, S. 478 f.

Durch Komponenten können physische Dinge wie:

- ausführbare Dateien,
- Bibliotheken,
- Tabellen,
- Dateien und
- Dokumente

modelliert werden. Diese können sich auf einem Knoten befinden. Eine Komponente stellt eine Zusammenfassung ansonsten logischer Elemente wie Klassen, Schnittstellen und Kollaborationen dar.

Komponenten der UML werden durch viele Programmiersprachen direkt unterstützt, das heißt in UML modellierte und visualisierte Komponenten können in der Implementierungsphase 1 : 1 in den Programmcode transformiert werden.[12]

Eine Komponente besitzt einen Namen, mit dem sie von anderen Komponenten unterschieden wird. Dabei werden zwei Arten von Namen unterschieden. Der einfache Name ohne Zusätze und der qualifizierte Name mit einem Präfix, der den Namen des Pakets angibt, in welchem sich die Komponente befindet. Weiterhin können Komponenten ähnlich wie bei Klassen durch zusätzlich spezifizierende Eigenschaftswerte benannt werden.

Abbildung 2: Grafische Darstellung einer Komponente

Quelle: Booch,G. / Rumbaugh, J. / Jacobsen, I., Das UML-Benutzerhandbuch, 1999, S. 392.

---

[12] Vgl. Booch/Rumbaugh/Jacobsen, Das UML-Benutzerhandbuch, 1999, S. 389 f.

In der folgenden Tabelle werden die Gemeinsamkeiten und Unterschiede von Komponenten und Klassen gegenübergestellt:

Tabelle 1: Merkmale von Klassen und Komponenten
Quelle: Eigene Darstellung (in Ahnlehnung an Booch,G. / Rumbaugh, J. / Jacobsen, I., Das UML-Benutzerhandbuch, 1999, S. 392).

Merkmal	Klassen	Komponenten
haben Namen	Ja	Ja
realisieren Schnittstellen	Ja	Ja
können an Abhängigkeits-, Generalisierungs- und Assoziationsbeziehungen beteiligt sein	Ja	Ja
können geschachtelt werden	Ja	Ja
können zu Paketen zusammengefasst werden	Ja	Ja
haben Instanzen	Ja	Ja
können an Interaktionen beteiligt sein	Ja	Ja
repräsentieren logische Abstraktionen	Ja	Nein
repräsentieren physische Dinge	Nein	Ja

Insbesondere stellt eine Komponente die physische Implementierung einer Menge anderer, logischer Elemente wie beispielsweise Klassen dar.

Komponenten isoliert betrachtet können allerdings noch kein System abbilden. Erst in Verbindung mit Schnittstellen werden mehrere Komponenten eines Systems im Zusammenhang abgebildet. So verwenden alle komponentenbasierten Betriebssystemfunktionen (wie COM+, CORBA) Schnittstellen als Kleber, um die Komponenten zu verbinden. Dabei realisiert die eine Komponente die Schnittstelle über eine Realisierungsbeziehung. Die zweite Komponente, die die Dienste der Schnittstelle nutzt, wird über eine Abhängigkeitsbeziehung mit der Schnittstelle verbunden.[13]

---

[13] Vgl. Booch/Rumbaugh/Jacobsen, Das UML-Benutzerhandbuch, 1999, S. 394.

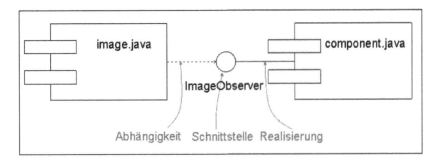

Abbildung 3: Komponenten und Schnittstellen

Quelle: Booch,G. / Rumbaugh, J. / Jacobsen, I., Das UML-Benutzerhandbuch, 1999, S. 395.

Die in Abbildung 3 gezeigte Schnittstelle ist für die Komponente „image.java" eine
Importschnittstelle, da sie von dieser Komponente verwendet wird. Demgegenüber ist
dieselbe Schnittstelle für die Komponente „component.java" eine Exportschnittstelle,
weil die Schnittstelle durch die Komponente realisiert wird.[14]

3.2 Funktion und Arten von Komponenten

Als integraler Bestandteil zur Abbildung von Systemen haben Komponenten bei der
Konstruktion selbiger die Aufgabe den binären Austausch von Systemkomponenten zu
ermöglichen. Daraus resultiert, dass Komponenten substituierbar sind. Jede konkrete
Komponente kann durch eine beliebige andere ersetzt werden, sofern mindestens die
ursprünglichen Schnittstellen durch die ersetzende Komponente realisiert werden.

BOOCH/RUMBAUGH/JACOBSEN fassen die Funktion von Komponenten wie folgt
zusammen:

„*Eine Komponente ist ein physischer und austauschbarer Bestandteil eines
Systems, der eine Menge von Schnittstellenspezifikationen genügen und für diese
Schnittstelle eine Realisierung bietet.*"[15]

Aus dieser Beschreibung lassen sich die verschiedenen Funktionen explizit benennen:

- Komponenten sind etwas physisches,

- Komponenten sind austauschbar,

---

[14] Vgl. Booch/Rumbaugh/Jacobsen, Das UML-Benutzerhandbuch, 1999, S. 394.

[15] Booch/Rumbaugh/Jacobsen, Das UML-Benutzerhandbuch, 1999, S. 395.

- eine Komponente ist Bestandteil eines Systems, das heißt ein System auf einer Abstraktionsebene kann eine Komponente auf einer höheren Abstraktionsebene sein;

- eine Komponente genügt einer Menge von Schnittstellenspezifikationen und bietet eine Realisierung für eben diese.[16]

HITZ/KAPPEL unterscheiden drei verschiedene Arten von Komponenten[17]:

1. Quellcode-Komponenten (auch Entwicklungsergebniskomponenten genannt[18]): Diese Komponenten sind normalerweise nur während der Implementierungsphase in der Nutzung. Sie unterstützen die Übersetzung der Modellierungsergebnisse in Sourcecode.

2. Binärcode-Komponenten (auch als Laufzeitkomponenten bezeichnet[19]): Diese Komponenten werden aus einem laufenden System erzeugt und sind für das Binden der Programme relevant.

3. Ausführbare Komponente (auch Einsatzkomponente[20]): Diese Komponenten sind notwendig und hinreichend um ein lauffähiges System bilden zu können. Unterschieden werden beispielsweise aufführbarer Code (.exe-Dateien), Bibliotheken (.dll-Dateien) oder Datenbanktabellen.

Die letztgenannte Komponente wird in der Modellierung am häufigsten angewendet und stellt daher die Komponente mit der höchsten praktischen Relevanz dar. Daher wird im folgenden näher auf die Modellierung der Einsatzkomponenten eingegangen.

3.3 Gebräuchliche Modellierungstechniken von Komponenten

Sofern ein System aus mehreren ausführbaren Dateien, Bibliotheken, Tabellen und Dateien besteht, unterstützt die Modellierung von den Komponenten die Entscheidungen über das gesamte System zu visualisieren, zu spezifizieren, zu konstruieren und zu dokumentieren. Weiterhin werden die Versionisierung und das Konfigurationsmangement während der weiteren Entwicklung des Systems unterstützt. BOOCH/RUMBAUGH/JACOBSEN schlagen ein schrittweises Vorgehen bei dem Modellieren von Einsatzkomponenten vor:

1. Man untersuche die Teilung des physischen Systems und unterscheide dabei zwischen den vorrangigen Komponenten (ausführbare Dateien und

---

[16] Vgl. Booch/Rumbaugh/Jacobsen, Das UML-Benutzerhandbuch, 1999, S. 396.

[17] Vgl. Hitz/Kappel, UML @ work, 1999, S. 164, **auch** vgl. Booch/Rumbaugh/Jacobsen, Das UML-Benutzerhandbuch, 1999, S. 396 f.

[18] Vgl. Booch/Rumbaugh/Jacobsen, Das UML-Benutzerhandbuch, 1999, S. 396.

[19] Vgl. Booch/Rumbaugh/Jacobsen, Das UML-Benutzerhandbuch, 1999, S. 397.

[20] Vgl. Booch/Rumbaugh/Jacobsen, Das UML-Benutzerhandbuch, 1999, S. 397.

Bibliotheken) und nachrangigen Komponenten (Tabellen, Dateien und Dokumente) des Systems.

2. Man modelliere die identifizierten Dinge zu Komponenten. Dabei verwende man die Standardelemente oder führe geeignete Stereotypen für neue Arten von Komponenten ein.

3. Man modelliere die wichtigen Schnittstellen, die notwendig sind um das System zu managen. Weiterhin modelliere man die Beziehungen zwischen diesen ausführbaren Dateien und Bibliotheken, um die Auswirkungen von Änderungen zu visualisieren.[21]

Betrachtet man das Modellierungsbeispiel in Abbildung 4 so werden hier einige verschiedene Komponenten dargestellt, die auf einem einzelnen PC laufen. Es sind eine ausführbare Datei (*„animator.exe"*), drei Bibliotheken (*„render.dll, raytrce.dll und wrfrme.dll"*), eine einfache Datei (*„animator.ini"*) und eine Datenbanktabelle (*„shapes.tbl"*) modelliert. Zudem sind noch die Abhängigkeitsbeziehungen zwischen

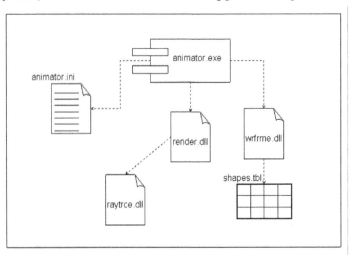

Abbildung 4: Modellierungsbeispiel für Komponenten
Quelle: Vgl. Booch/Rumbaugh/Jacobsen, Das UML-Benutzerhandbuch, 1999, S. 401.

den verschiedenen Komponenten dargestellt. Die verwendeten Notationen bilden die Standardelemente der UML ab.[22]

---

[21] Vgl. Booch/Rumbaugh/Jacobsen, Das UML-Benutzerhandbuch, 1999, S. 398-402.

[22] Vgl. Booch/Rumbaugh/Jacobsen, Das UML-Benutzerhandbuch, 1999, S. 399, 401.

4   Komponentendiagramm

4.1   Aufgabe und Aufbau von Komponentendiagrammen

Wie bereits in dem vorherigen Abschnitt über Komponenten angedeutet, modellieren Komponenten und damit auch Komponentendiagramme die physischen Aspekte eines Systems. Dabei zeigt das Diagramm die Organisation und Abhängigkeiten von Komponenten untereinander und stellt somit die statische Implementierungssicht eines Systems dar. Das Komponentendiagramm hat die Aufgabe komponentenbasierte Systeme zu visualisieren, zu spezifizieren und zu dokumentieren sowie lauffähige Systeme zu konstruieren.[23]

Die Komponentendiagramme enthalten typischerweise Komponenten, Schnittstellen, Abhängigkeits-, Generalisierungs-, Assoziations- und Realisierungsbeziehungen. Im übrigen hat ein Komponentendiagramm die gleichen allgemeinen Eigenschaften wie andere Diagramme. Die statische Implementierungssicht dieser Diagramme unterstützt in erster Linie das Konfigurationsmanagement der Bestandteile eines Systems.[24]

BOOCH/RUMBAUGH/JACOBSEN beschreiben vier Arten von Verwendungen für Komponentendiagramme:

- Modellieren von Sourcecode

- Modellieren von ausführbaren Versionen

- Modellieren von physischen Datenbanken

- Modellieren von adaptiven Systemen

Im folgenden werden die verschiedenen Arten der Verwendung kurz vorgestellt.

4.2   Arten der Modellierung von Komponentendiagrammen

4.2.1   Modellieren von Sourcecode

Unter dem Modellieren von Sourcecode wird die Verwaltung von in der Konstruktionsphase entstehenden Sourcecodedateien verstanden. Somit werden Sourcecodedateien zu Komponenten zusammengefasst und können so in Ihren Abhängigkeiten dargestellt werden. Vor allem ist mithilfe eines derartigen Komponentendiagramms ein strukturiertes Versions- und Konfigurationsmangement

---

[23] Vgl. Booch/Rumbaugh/Jacobsen, Das UML-Benutzerhandbuch, 1999, S. 443 f **auch** vgl. Hitz/Kappel, UML @ work, 1999, S. 167 f.

[24] Vgl. Booch/Rumbaugh/Jacobsen, Das UML-Benutzerhandbuch, 1999, S. 445.

möglich. In der Regel enthalten diese Diagramme ausschließlich Entwicklungsergebniskomponenten, die mit dem Stereotyp „file" dargestellt werden.[25]

Um den Sourcecode eines Systems zu modellieren sollte man folgendermaßen vorgehen:

1. Man untersuche die Sourcecodedateien eines Systems und modelliere sie als Komponenten mit dem Stereotyp „file".

2. Man spezifiziere die Komponenten durch Angabe von Version, Datum der letzten Änderung und Namen des Autors.

3. Man modelliere die Abhängigkeiten zwischen den identifizierten Entwicklungsergebniskomponenten.[26]

In der Abbildung 5 ist ein Beispiel für die Sourcecode-Modellierung dargestellt. In dem Beispiel sind fünf Sourcecodedateien aufgeführt. Dabei sind drei Versionen der „signal.h" Datei zu erkennen, die durch den Eigenschaftswert „Version" näher spezifiziert sind. Die „signal.h" Datei wird von zwei Implementierungsdateien „interp.ccp" und „signal.ccp" benutzt, was durch die Abhängigkeitsbeziehungen ausgedrückt wird. Weiterhin wird die Datei „interp.ccp" von der Datei „device.ccp" benutzt. Daraus ergibt sich, dass bei einer Änderung der Sourcecodedatei „signal.h" auch die Dateien „interp.cpp", „signal.cpp" und „device.cpp" neu kompiliert werden müssen. Damit wird die positive Wirkung auf ein gut strukturiertes Konfigurationsmangement deutlich.[27]

---

[25] Vgl. Booch/Rumbaugh/Jacobsen, Das UML-Benutzerhandbuch, 1999, S. 447.

[26] Vgl. Booch/Rumbaugh/Jacobsen, Das UML-Benutzerhandbuch, 1999, S. 447 f.

[27] Vgl. Booch/Rumbaugh/Jacobsen, Das UML-Benutzerhandbuch, 1999, S. 448.

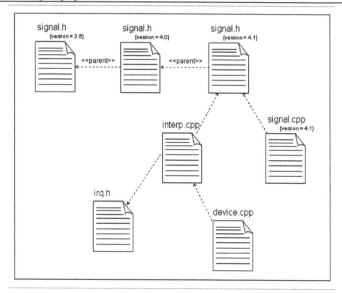

Abbildung 5: Modellierung von Sourcecode

Quelle: Booch/Rumbaugh/Jacobsen, Das UML-Benutzerhandbuch, 1999, S. 448.

4.2.2 Modellieren von ausführbaren Versionen

Das Modellieren von ausführbaren Versionen ist erst notwendig, wenn mehrere ausführbare Dateien in einem System enthalten sind. Komplizierter wird es, wenn diese ausführbaren Dateien noch eine Menge von weiteren Teilen, wie zum Beispiel Bibliotheken, Datenbanken und Hilfedateien, für die Ausführung benötigen. In der Regel ist es in einem System von Anwendungen so, dass einige der Komponenten nur von einer Anwendung genutzt werden, während andere Anwendungen aber mehrere Komponenten gemeinsam nutzen. Wenn dies der Fall ist, nimmt die Konfiguration der Komponenten eine immer gewichtigere Rolle ein. In dieser Situation wird die Konfiguration ausführbarer Versionen visualisiert, spezifiziert, konstruiert und dokumentiert.[28]

Da in einem softwareintensiven System eine unüberschaubare Anzahl von Komponenten existiert, wird nur ein Teil der Dinge und Beziehungen modelliert. Man konzentriert sich auf eine überschaubare Menge von Komponenten. Dabei geht man wie folgt vor:

---

[28] Vgl. Booch/Rumbaugh/Jacobsen, Das UML-Benutzerhandbuch, 1999, S. 449.

1. Man suche eine Menge Komponenten, die man modellieren will. Normalerweise entscheide man sich für einen Teil oder alle Komponenten, die auf einem Knoten ausgeführt werden.

2. Man prüfe die Menge vorhandener Stereotypen und wähle gegebenenfalls im Rahmen der Erweiterungsmechanismen eigene Stereotypen aus.

3. Man untersuche für jede Komponente ihre Beziehungen zu den anderen Komponenten. Insbesondere berücksichtige man das Vorhandsein von Schnittstellen.[29]

In dem nachfolgenden Beispiel wird eine ausführbare Version für einen autonomen Roboter modelliert.

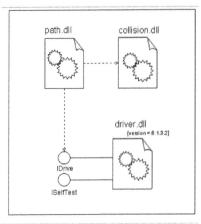

Abbildung 6: Modellierung einer ausführbaren Version

Quelle: Booch/Rumbaugh/Jacobsen, Das UML-Benutzerhandbuch, 1999, S. 450.

Die Abbildung 6 konzentriert sich auf die Darstellung der Einsatzkomponenten im Zusammenhang mit der Fahrfunktion des Roboters. Die Komponente „driver.dll" exportiert die Schnittstellen „IDrive" und „ISelfTest". Die Schnittstelle „IDrive" wird von der Komponente „path.dll" importiert. Diese Komponente wiederum hängt von der Komponente „collision.dll" ab. Insbesondere sei hier vermerkt, dass sowohl die Komponente „path.dll" als auch die Komponente „collision.dll" selber noch weitere Schnittstellen exportieren und auch Beziehungen zu weiteren Komponenten haben, diese aber aus Gründen der Übersichtlichkeit hier nicht dargestellt werden. Weiterhin

---

[29] Vgl. Booch/Rumbaugh/Jacobsen, Das UML-Benutzerhandbuch, 1999, S. 449 f.

beachte man, dass man eine neue Version der Komponente „*driver.dll*" ersetzen könnte, sofern diese neue Komponente die gleichen Schnittstellen realisiert.[30]

4.2.3 Modellieren einer physischen Datenbank

Die UML kann sowohl relationale als auch objektorientierte Datenbanken abbilden. Bei dem Modellieren physischer Datenbanken erwähnen BOOCH/RUMBAUGH/JACOBSEN folgende Richtlinien:

1. „*Man identifiziere die Klassen aus dem Modell heraus, die das logische Datenbankschema bilden.*

2. *Man wähle eine Strategie, um diese Klassen auf Tabellen abzubilden...*

3. *Um diese Abbildung zu visualisieren, zu spezifizieren, zu konstruieren und zu dokumentieren, erstelle man ein Komponentendiagramm mit den Tabellen als stereotypisierten Komponenten.*

4. *Wenn möglich, verwende man Programme, die bei der Umsetzung dieses logischen in einen physischen Entwurf Unerstützung bieten.*"[31]

In der nächsten Abbildung wird ein Beispiel für eine modellierte physische Datenbank dargestellt.

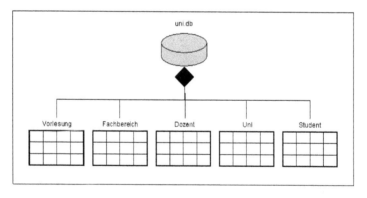

Abbildung 7: Modellierung einer physischen Datenbank

Quelle: Booch/Rumbaugh/Jacobsen, Das UML-Benutzerhandbuch, 1999, S. 453.

Das Beispiel zeigt fünf Datenbanktabellen aus einer Datenbank für eine Universität. Wie bereits in dem Abschnitt über Komponenten erwähnt, können auch Komponenten Attribute besitzen. Naheliegenderweise bezeichnen die Attribute für die

---

[30] Vgl. Booch/Rumbaugh/Jacobsen, Das UML-Benutzerhandbuch, 1999, S. 450 f.

[31] Booch/Rumbaugh/Jacobsen, Das UML-Benutzerhandbuch, 1999, S. 452.

Datenbanktabellen die Spalten der jeweiligen Tabellen. Genauso können Operationen für die Komponenten angegeben werden, die Standardabfragen aus den Tabellen generieren.[32]

4.2.4 Modellieren adaptiver Systeme

Bei dem Modellieren adaptiver Systeme wird im Gegensatz zu den bisherigen Modellierungen eine dynamische Sicht auf ein System dargestellt. Im Fokus der Betrachtung steht hier die Dislokation der Komponenten auf den Knoten, auf welchen sie ausgeführt werden. Ein adaptives System kann beispielsweise ein global verteiltes System sein, das 24 Stunden am Tag und sieben Tage in der Woche läuft. In einem solchen System wird man wahrscheinlich auf so genannte mobile Agenten treffen. Das sind Komponenten, die von Knoten zu Knoten wandern. Gerade in so einem Fall wird diese Art der Modellierung angewendet.[33]

Um ein adaptives System zu modellieren wird folgende Reihenfolge vorgeschlagen:

1. Man untersuche die physische Verteilung der Komponenten, die von Knoten zu Knoten wandern können.

2. Daraus konstruiere man ein Interaktionsdiagramm, welches die Aktionen darstellt, die zu einer Verlagerung der Komponenten führen. Die Dynamik in dem Komponentendiagramm wird durch den Eigenschaftswert „location" angegeben.

In der nachstehenden Mustermodellierung wird das Beispiel aus Abbildung 7 nochmals betrachtet.

---

[32] Booch/Rumbaugh/Jacobsen, Das UML-Benutzerhandbuch, 1999, S. 452 f.

[33] Vgl. Booch/Rumbaugh/Jacobsen, Das UML-Benutzerhandbuch, 1999, S. 453.

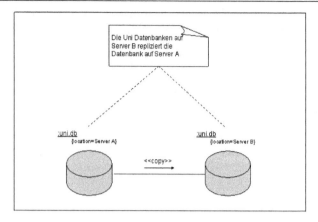

Die Uni Datenbanken auf
Server B repliziert die
Datenbank auf Server A

:uni.db   :uni.db
{location=Server A}   {location=Server B}

<<copy>>

Abbildung 8: Modellierung adaptiver Systeme

Quelle: Booch/Rumbaugh/Jacobsen, Das UML-Benutzerhandbuch, 1999, S. 454.

Hier wird die Replikation der Uni Datenbank modelliert. In der Abbildung sind zwei
Exemplare der Uni Datenbanken aufgeführt, die sich lediglich anhand des
Eigenschaftswertes „location" unterscheiden. Das bedeutet, dass zu einem gewissen
Zeitpunkt von einer auf die andere Datenbank umgeschaltet wird.[34]

4.3 Hinweise und Tipps für die Modellierung von Komponentendiagrammen

Für alle unterschiedlichen Arten von Komponentendiagrammen gilt, dass sie immer nur
eine grafische Darstellung der statischen Implementierungssicht repräsentieren. Dabei
ist zu beachten, dass ein Komponentendiagramm keinesfalls ein System vollständig
abbilden soll. Zusammengenommen werden alle Komponentendiagramme allerdings
die vollständige Implementierungssicht darstellen.[35]

Abschließend geben BOOCH/RUMBAUGH/JACOBSEN noch einige allgemeine Hinweise
für das Modellieren von Komponentendiagrammen:

- Ein Komponentendiagramm beschränkt sich auf einen Aspekt der
  Implementierungssicht, den es darzustellen versucht.

- Ein Komponentendiagramm stellt nur die Elemente dar, die für das Verständnis
  des Diagramms notwendig sind.

---

[34] Vgl. Booch/Rumbaugh/Jacobsen, Das UML-Benutzerhandbuch, 1999, S. 454.

[35] Vgl. Booch/Rumbaugh/Jacobsen, Das UML-Benutzerhandbuch, 1999, S. 457.

- Ein Komponentendiagramm geht nur soweit auf Einzelheiten ein und stellt diese grafisch dar, soweit es für das Verständnis des darzustellenden Aspektes unabdingbar ist.[36]

In den anschließenden Kapiteln werden die Hardwaresicht auf Systeme und deren Basis in der UML, die Knoten, näher betrachtet. In Kapitel sieben wird versucht, eine beispielhafte Implementierungssicht eines Softwaresystems darzustellen.

5 Knoten

5.1 Aufbau von Knoten

Knoten repräsentieren ähnlich wie Komponenten reale Dinge in der materiellen Welt. Sie stellen einen wesentlichen Bestandteil bei der Modellierung von physischen Systemen dar. Knoten verkörpern in der Regel eine Rechnerressource, die mindestens aus einem kleinen Speicher und oft einer Verarbeitungskapazität bestehen. Dementsprechend wird mit Knoten die Topologie eines Hardwaresystems, das zur Problemlösung eingesetzt wird, modelliert. Die Modellierung von Knoten beschreibt letztendlich das Zusammenführen der Software mit der Hardware. Denn softwareintensive Systeme umfassen sowohl Software wie auch Hardware.[37]

Knoten werden in der UML unabhängig von einer bestimmten Hardware als Quader visualisiert wie in Abbildung 9 zu sehen. Des Weiteren gelten alle übrigen

Abbildung 9: Grafische Darstellung eines Knotens
Quelle: Booch/Rumbaugh/Jacobsen, Das UML-Benutzerhandbuch, 1999, S. 408.

Notationsvorschriften für Knoten, die auch schon bereits bei den Komponenten erwähnt wurden. Insbesondere unterscheiden sich die Beziehungstypen und Namensgebung von Knoten und Komponenten nicht. Es sind jedoch die folgenden beiden grundlegenden

---

[36] Vgl. Booch/Rumbaugh/Jacobsen, Das UML-Benutzerhandbuch, 1999, S. 457.

[37] Vgl. Booch/Rumbaugh/Jacobsen, Das UML-Benutzerhandbuch, 1999, S. 407 f., **ebenso** vgl. Oesterreich, Die UML Kurzreferenz für die Praxis, 2001, S. 116, **auch** vgl. Hitz/Kappel, UML @ work, 1999, S. 167 f.

Verschiedenheiten, wie sie von BOOCH/RUMBAUGH/JACOBSEN erwähnt werden, hervorzuheben:

- *„Komponenten sind an der Ausführung eines Systems beteiligt; Knoten führen Komponenten aus.*

- *Komponenten sind eine physische Zusammenstellung ansonsten logischer Elemente; Knoten repräsentieren den physischen Einsatz von Komponenten.* "[38]

Im folgenden wird kurz auf die Beziehungen zwischen Komponenten und Knoten auf der einen Seite und zwischen Knoten auf der anderen Seite näher eingegangen.

Die Beziehung zwischen Komponenten und Knoten können, wie aus Abbildung 10 ersichtlich, entweder in Form von einfachen Abhängigkeitsbeziehungen visualisiert werden (links) oder aber einfach durch ein Umschließen der Komponenten durch den Knoten (rechts).

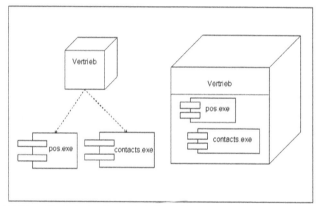

Abbildung 10: Varianten der grafische Darstellung von Knoten mit Komponenten

Quelle: Booch/Rumbaugh/Jacobsen, Das UML-Benutzerhandbuch, 1999, S. 410 und vgl.

Hitz/Kappel, UML @ work, 1999, S. 169.

Die Verbindungen zwischen Knoten können wie bereits erwähnt grundsätzlich alle Beziehungstypen umfassen. Die häufigste Art von Beziehung zwischen Knoten stellt allerdings die Assoziation dar. Die Assoziation repräsentiert in diesem Zusammenhang eine physische Verbindung zwischen zwei Knoten, wie in Abbildung 11dargestellt.

---

[38] Booch/Rumbaugh/Jacobsen, Das UML-Benutzerhandbuch, 1999, S. 409.

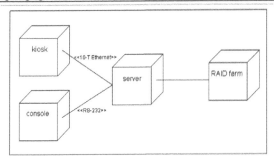

Abbildung 11:Grafische Darstellung von Verbindungen zwischen Knoten

Quelle: Booch/Rumbaugh/Jacobsen, Das UML-Benutzerhandbuch, 1999, S. 411.

Da es sich um reguläre Assoziationen handelt, steht auch die gesamte Bandbreite von
Spezifikationen zur Verfügung, wie zum Beispiel die Verwendung von Rollen,
Multiplizitäten oder Einschränkungen. Die Assoziationen können auch, wie in
Abbildung 11 geschehen, stereotypisiert werden, so dass die einzelnen Verbindungen
spezifiziert werden können.[39]

5.2 Gebräuchliche Modellierungstechniken von Knoten

Bei dem Modellieren von Knoten sind zwei Anwendungen zu unterscheiden, zum einen
das Modellieren von Prozessoren und Geräten und zum anderen das Modellieren der
Verteilung von Komponenten. Beide Anwendungsarten werden im weiteren vorgestellt
und erklärt.

5.2.1 Das Modellieren von Prozessoren und Geräten

Unter Verwendung von Knoten lassen sich die Topologien von alleinstehenden,
eingebetteten, Client/Server- oder verteilten Systemen visualisieren und
dokumentieren. Speziell in dieser Anwendung wird man den Erweiterungsmechanismus
der Bildung von Stereotypen vermehrt in Anspruch nehmen. Dadurch lassen sich
gleichartige Prozessoren und Geräte repräsentieren. Hierdurch wird eine hohe
Transparenz und Verständlichkeit für die unterschiedlichen Zielgruppen ermöglicht, die
sich mit dem Soft- und Hardwaresystem auseinandersetzen müssen. Das folgende Bild
greift die Abbildung 11 auf und stellt die Verbindungen unter Verwendung von
Stereotypen dar.

---

[39] Vgl. Booch/Rumbaugh/Jacobsen, Das UML-Benutzerhandbuch, 1999, S. 410 f.

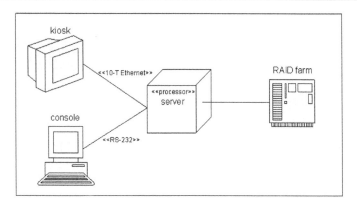

Abbildung 12: Stereotypisierte Darstellung von Prozessoren und Geräten

Quelle: Booch/Rumbaugh/Jacobsen, Das UML-Benutzerhandbuch, 1999, S. 413.

Dabei repräsentieren die Knoten „*kiosk*" und „*console*" spezielle Arten von Prozessoren während der Knoten „*RAID farm*" eine spezielle Art von Gerät darstellt.[40]

BOOCH/RUMBAUGH/JACOBSEN schlagen ein schrittweises Vorgehen bei der Modellierung von Prozessoren und Geräten vor:

1. Man untersuche die Einsatzsicht eines Systems und finde die verarbeitenden Elemente. Jedes verarbeitende Element stellt einen Knoten dar.

2. Man stereotypisiere die einzelnen Knoten im Rahmen des zulässigen Erweiterungsmechanismus der UML.

3. Man ordne jedem Knoten die auf ihm ausgeführten Operationen zu und definiere für jeden Knoten dessen Attribute.[41]

5.2.2 Das Modellieren der Verteilung von Komponenten

Bei dieser Anwendung des Modellierens von Knoten steht die physische Verteilung der Komponenten über die Prozessoren und Geräte im Vordergrund. Betrachtet man wiederum das Beispiel aus den Abbildungen 11 und 12 ergibt sich die folgende Abbildung für das Modellieren der Verteilung von Komponenten.

---

[40] Vgl. Booch/Rumbaugh/Jacobsen, Das UML-Benutzerhandbuch, 1999, S. 412.

[41] Vgl. Booch/Rumbaugh/Jacobsen, Das UML-Benutzerhandbuch, 1999, S. 412.

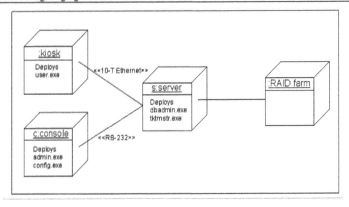

Abbildung 13: Modellierung der Verteilung von Komponenten

Quelle: Booch/Rumbaugh/Jacobsen, Das UML-Benutzerhandbuch, 1999, S. 414.

In diesem Beispiel sind „*RAID farm"* und „*kiosk"* anonyme Objekte und die anderen beiden sind benannt. In jedem Prozessor sind nun zusätzliche Abschnitte (wie in Abbildung 10 rechts dargestellt) eingefügt, die die auf diesen Prozessoren eingesetzten Komponenten zeigen.

BOOCH/RUMBAUGH/JACOBSEN schlagen ein schrittweises Vorgehen bei der Modellierung der Verteilung von Komponenten vor:

1. Man ordne jeder Komponente ein Knoten zu, auf dem sie ausgeführt werden soll.

2. Man beachte bei der Modellierung das die gleiche Art von Komponente auf mehreren Knoten gleichzeitig ausgeführt werden kann.

3. Man kennzeichne die Zuordnung auf eine der in Abbildung 10 dargestellten Weisen. Dabei beachte man insbesondere die Möglichkeit die Zuordnungen nicht im Knoten zu visualisieren, sondern diese in der Spezifikation des Knoten darzustellen.[42]

---

[42] Vgl. Booch/Rumbaugh/Jacobsen, Das UML-Benutzerhandbuch, 1999, S. 413.

6 Einsatzdiagramme

6.1 Aufgabe und Aufbau von Einsatzdiagrammen

Wie schon bei den Komponentendiagrammen stellen auch Einsatzdiagrammen die physischen Aspekte eines objektorientierten Systems grafisch dar. Im einzelnen wird bei Einsatzdiagrammen die Konfiguration der verarbeitenden Knoten zur Laufzeit mit den Komponenten, die auf diesen Knoten eingesetzt sind, modelliert. Dabei wird die statische Einsatzsicht eines Systems (siehe Abbildung 1), also die Topologie der Hardware, abgebildet. Aufgabe des Einsatzdiagramms ist es, die statischen Aspekte der physischen Knoten und ihre Beziehungen zu visualisieren und die Details der Konstruktion zu spezifizieren. Durch die statische Einsatzsicht wird eine Verteilung, Auslieferung und Installation der Teile, die das physische System bilden, unterstützt. Die Modellierung eines Einsatzdiagramms ist sinnvoll, sobald man eine Software entwickelt, die auf Einheiten zugreift, die nicht automatisch durch das Betriebssystem unterstützt werden. Damit steigt das Verständnis für die Zusammenhänge zwischen Software und Hardware.[43]

Einsatzdiagramme haben die gleichen allgemeinen Eigenschaften wie andere Diagramme. Sie beinhalten normalerweise Knoten, Abhängigkeits- und Assoziationsbeziehungen sowie möglicherweise auch Komponenten, Notizen und/oder Einschränkungen. Modelliert man die statische Einsatzsicht, so verwendet man die Diagramme in der Regel in eine von den drei folgenden Arten:

- Modellierung eines eingebetteten Systems
- Modellierung von Client/Server Systemen
- Modellierung vollständig verteilter Systeme

Im nächsten Abschnitt werden die drei verschiedenen Arten näher erläutert.

6.2 Arten der Modellierung von Einsatzdiagrammen

6.2.1 Modellierung eines eingebetteten Systems

Ein eingebettetes System ist eine softwareintensive Anlage die externe Maschinen, wie Roboter, steuert und wiederum durch externe Stimuli, wie beispielsweise Sensoren, Informationen erhält und diese umsetzt. Mit einem Einsatzdiagramm kann man die Topologie der Geräte und Prozessoren abbilden.[44]

---

[43] Vgl. Booch/Rumbaugh/Jacobsen, Das UML-Benutzerhandbuch, 1999, S. 459-462.

[44] Vgl. Booch/Rumbaugh/Jacobsen, Das UML-Benutzerhandbuch, 1999, S. 462.

Bei der Entwicklung eines eingebetteteten Systems geht es also nicht nur um die Softwareentwicklung sondern vielmehr um das Management einer physischen Welt. Betrachtet man die eher ungewöhnlichen Geräte wie Roboter und Sensoren lässt sich intuitiv erahnen, dass diese physische Welt schnell komplexe Strukturen annimmt.[45]

Bei der Modellierung eines eingebetteten Systems sollte man nach BOOCH/RUMBAUGH/JACOBSEN wie folgt vorgehen:

1. Man untersuche das System auf die existierende Knoten und Geräte hin.

2. Bei der Visualisierung der verschiedenen Geräte und Prozessoren achte man darauf, die systemspezifische Stereotypen mit geeigneten Symbolen zu kennzeichnen. Dabei sollte man ausdrücklich die Erweiterungsmöglichkeiten der UML anwenden. Ziel sollte es sein, eine allgemein verständliche Visualisierung insbesondere für die Vielzahl von ungewöhnlichen Geräten zu finden.

3. Anschließend modelliere man die Beziehungen zwischen den Geräten und Prozessoren.

4. Gegebenfalls ergänze man die Darstellung besonders komplexer, intelligenter Geräte oder Prozessoren, indem man ein eigenes, detailliertes Einsatzdiagramm für dieses Gerät entwickelt.[46]

Die nachfolgende Abbildung stellt einen einfachen, autonomen Roboter dar. In der Mitte ist der Prozessor stereotypisiert dargestellt. Den Prozessor umgeben acht Geräte, die durch Anwendung der Erweiterungsmechanismen der UML grafisch dargestellt werden. Damit wird der Versuch unternommen, einen Hinweis auf die Geräte in der realen Welt zu geben.

---

[45] Vgl. Booch/Rumbaugh/Jacobsen, Das UML-Benutzerhandbuch, 1999, S. 463.

[46] Vgl. Booch/Rumbaugh/Jacobsen, Das UML-Benutzerhandbuch, 1999, S. 463 f.

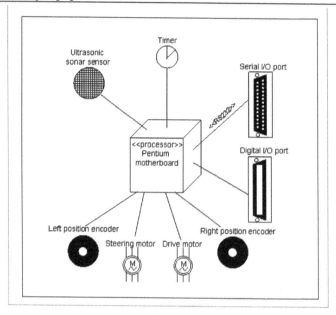

Abbildung 14: Die Modellierung eines eingebetteten Systems

Quelle: Booch/Rumbaugh/Jacobsen, Das UML-Benutzerhandbuch, 1999, S. 464.

6.2.2 Modellierung von Client/Server-Systemen

Ein Client/Server-System stellt eine verbreitete Architektur dar, deren Aufgabe es ist, ein Softwaresystem mehr als einem Nutzer zur Verfügung zu stellen. Dabei findet in der Regel eine strikte Trennung zwischen den persistenten Daten (Server) eines Systems und der Benutzerverwaltung(Client) statt. [47]

BOOCH/RUMBAUGH/JACOBSEN stellen die Aufgabe der Einsatzdiagramme in diesem Zusammenhang wie folgt fest:

> „Man kann Einsatzdiagramme der UML verwenden, um die Entscheidungen über die Topologie eines Client/Server-Systems und die Verteilung der Softwarekomponenten über Client und Server zu visualisieren, zu spezifizieren und zu dokumentieren."[48]

Um ein Einsatzdiagramm für ein Client/Server-System zu modellieren sollte man folgendermaßen vorgehen:

---

[47] Vgl. Booch/Rumbaugh/Jacobsen, Das UML-Benutzerhandbuch, 1999, S. 462.

[48] Booch/Rumbaugh/Jacobsen, Das UML-Benutzerhandbuch, 1999, S. 465.

1. Man suche alle Knoten, die die Prozessoren eines Client/Server-Systems darstellen und repräsentieren.

2. Man selektiere alle Geräte und hebe diese hervor, die für das System bedeutsam sind. Dabei achte man auf solche Geräte, deren Platzierung in der Hardware-Topologie des Systems von Bedeutung ist.

3. Man stereotypisiere die Geräte und Prozessoren des Systems in einer geeigneten Art und Weise.

4. Man entwickele ein Einsatzdiagramm der Hardware-Topologie, bei dem insbesondere auf die Beziehungen zwischen den Knoten in der Einsatzsicht eingegangen wird.[49]

In der nachstehenden Abbildung wird ein Musterdiagramm dieses Typs gezeigt.

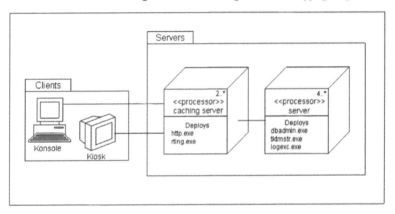

Abbildung 15: Modellierung eines Client/Server-Systems

Quelle: Booch/Rumbaugh/Jacobsen, Das UML-Benutzerhandbuch, 1999, S. 466.

Die Abbildung 15 stellt die klassische Aufteilung in Client und Server durch die beiden Pakete dar. Das Paket Servers enthält zwei Knoten, den *„Chaching Server"* und den *„Server"*. Beide Servertypen sind durch die Komponenten, die auf ihnen ausgeführt werden spezifiziert. Des weiteren werden für jeden Knoten Multiplizitäten aufgeführt. Diese geben an, wie viele Objekte von jedem in der Einsatzkonfiguration mindestens vorkommen müssen. In dem Client-Paket sind zwei unterschiedliche Arten von Knoten stereotypisiert dargestellt.[50]

---

[49] Vgl. Booch/Rumbaugh/Jacobsen, Das UML-Benutzerhandbuch, 1999, S. 466.

[50] Vgl. Booch/Rumbaugh/Jacobsen, Das UML-Benutzerhandbuch, 1999, S. 466.

6.2.3 Modellieren von vollständig verteilten Systemen

Vollständig verteilte Systeme bilden eine Steigerung zu den Client/Server-Systemen bezogen auf die Verteilung von Geräten und Prozessoren. Bei vollständig verteilten Systemen sind diese sehr weiträumig verteilt, im Extremfall sogar global. Daraus resultiert in der Regel eine Verteilung der Server auf mehreren Ebenen. In diesen vollständig verteilten Systemen werden häufig verschiedene Softwareversionen zur Zeit eingesetzt, die zum Teil sogar von Knoten zu Knoten wandern. Solche Systeme unterliegen in der Regel einer permanenten Veränderung, so dass ein Einsatzdiagramm nur die gegenwärtige Topologie eines vollständig verteilten Systems abbilden kann. Dies kann aber bereits hilfreich sein, um sich die Auswirkungen von möglichen Veränderungen zu vergegenwärtigen.[51]

Zur Modellierung eines vollständig verteilten Systems gehe man folgendermaßen vor:

1. Man identifiziere alle Geräte und Prozessoren des Systems.

2. Sofern die Leistung des Systems, bzw. die Auswirkungen von Änderungen wichtig sind, achte man darauf die Kommunikationsschnittstellen hinreichend gut zu modellieren.

3. Man modelliere die identifizierten Geräte und Prozessoren in einem Einsatzdiagramm.[52]

Das nachfolgende Beispiel stellt die Topologie eines vollständig verteilten Systems dar. In Abbildung 16 sind drei Konsolen zu erkennen, die direkt mit dem Internet verbunden sind. Die Regionalserver stellen die Frontends für die Landesserver dar. Von den Landesservern existieren mehrere nebeneinander, die miteinander verbunden. Auf die Darstellung dieser wird in dem Beispiel verzichtet. Diese Information wird allerdings in Form einer Notiz in dem Diagramm gegeben.[53]

---

[51] Vgl. Booch/Rumbaugh/Jacobsen, Das UML-Benutzerhandbuch, 1999, S. 463.

[52] Vgl. Booch/Rumbaugh/Jacobsen, Das UML-Benutzerhandbuch, 1999, S. 468.

[53] Vgl. Booch/Rumbaugh/Jacobsen, Das UML-Benutzerhandbuch, 1999, S. 468.

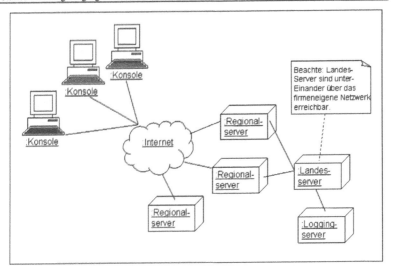

Abbildung 16: Modellierung eines vollständig verteilten Systems

Quelle: Booch/Rumbaugh/Jacobsen, Das UML-Benutzerhandbuch, 1999, S. 468.

6.3 Hinweise und Tipps für die Erstellung von Einsatzdiagrammen

Bei dem Arbeiten mit Einsatzdiagrammen sollte man beachten, dass sie eine grafische
Abbildung der statischen Einsatzsicht eines Systems darstellen. Das heißt nicht, ein
Diagramm muss ein komplettes System abbilden. Vielmehr sollte die Gesamtheit aller
Einsatzdiagramme das System als Ganzes darstellen. BOOCH/RUMBAUGH/JACOBSEN
geben folgende allgemeine Hinweise für die Erstellung eines Einsatzdiagramms:

- Man fokussiere ein Einsatzdiagramm auf einen wesentlichen Aspekt, den man in
  dem Diagramm abbilden möchte.

- Man stelle nur jene Elemente in dem Einsatzdiagramm dar, die für das
  Verständnis unbedingt erforderlich sind.

- Man bilde nur jene Details in dem Diagramm ab, welche für das Verständnis des
  Bildes unbedingt erforderlich sind.[54]

---

[54] Vgl. Booch/Rumbaugh/Jacobsen, Das UML-Benutzerhandbuch, 1999, S. 470.

7 Eigenes Diagrammbeispiel

7.1 Beschreibung des Beispielsystems

In den nachfolgenden beiden Abschnitten soll versucht werden, ein einfaches reales System abzubilden.

Dabei handelt es sich um einen normalen Personal Computer mit einem Pentium Prozessor, der über eine USB-Schnittstelle mit einer Webkamera verbunden ist. Weiterhin ist der Prozessor über eine serielle Schnittstelle mit dem Internet und über eine parallele Schnittstelle mit einem lokalen Drucker verbunden.

Folgende Funktionalität soll mit dem Komponentendiagramm und dem Einsatzdiagramm abgebildet werden: In einer Internet-Video-Konferenz wird ein Bild generiert, dass über den lokalen Drucker ausdruckbar sein soll.

7.2 Komponentendiagramm

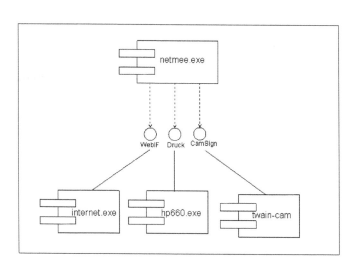

Abbildung 17: Beispiel WebCam Komponentendiagramm

Quelle: Eigene Darstellung

Die Komponenten „internet.exe", „hp660.exe" sowie „twain-cam" realisieren die Schnittstellen „WebIF", „Druck" und „CamSign" welche durch die Komponente „netmee.exe" importiert werden, um ihre Funktionalität zu erreichen.

7.3 Einsatzdiagramm

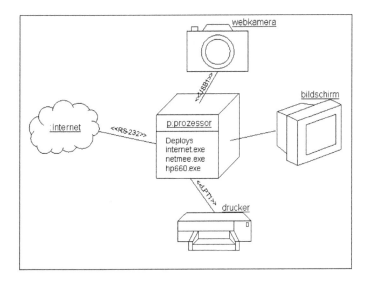

Abbildung 18: Beispiel WebCam Einsatzdiagramm

Quelle: Eigene Darstellung

Der zentrale Prozessor führt alle Komponenten aus. Gleichzeitig erkennt man die notwendigen Hardware-Verbindungen, welche näher spezifiziert sind.

Literaturverzeichnis

Booch,G. / Rumbaugh, J. / Jacobsen, I. (1999): Das UML-Benutzerhandbuch, Bonn.

Hitz, M. / Kappel, G. (1999): UML @ work – von der Analyse zur Realisierung, Heidelberg.

Object Management Group (Hrsg., 2002): What is UML?, http://www.omg.org/gettingstarted/what_is_uml.htm (Stand: 27.01.02).

Oesterreich, B. (2001): Die UML-Kurzreferenz für die Praxis – kurz, bündig, ballastfrei, München / Wien.

Seemann, J. / Gudenberg, J.W. von (2000): Softwareentwurf mit UML – objektorientierte Modellierung mit Beispielen in Java, Berlin.